Ryutaro Mine

峰龍太郎（みねりゅうたろう）

ヴァイオリン科2年。
大学の裏にある中華料理店『裏軒《うらけん》』の息子。エレキヴァイオリンを愛用するロッカー青年。のだめとは同じニオイがする、いわゆるマブダチってヤツ！

奥山真澄（おくやまますみ）

管弦楽科3年。
閉所恐怖症がたまにキズなティンパニー奏者。千秋を愛するが故《ゆえ》にのだめを勝手にライバル視する女の子!?
いやいや違う！ ヒゲがチャームポイントの男の子です♥

Masumi Okuyama

Franz von Stresemann

フランツ・フォン・シュトレーゼマン

（またの名をミルヒ・ホルスタイン）
自称・ドイツから来た善良な観光客というこのじーさん。実は世界的に有名な指揮者。でも、のだめにセクハラ行為をする、スケベじーさんのような気がする・・・。

セバスチャーノ・ヴィエラ

千秋がもっとも尊敬する世界的指揮者。千秋は彼に憧《あこが》れて指揮者を目指す！

Sebastiano Vieira

------その他大学の教授------

江藤耕造（えとうこうぞう）
『エリート専門』のハリセン先生。

谷岡肇（たにおかはじめ）
『落ちこぼれ専門』の先生。

Nodame Cantabile

Contents

TOMOKO NINOMIYA

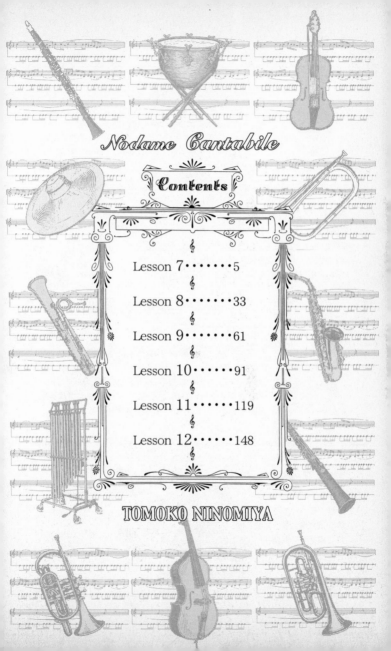

Lesson 7

学校法人桃ヶ丘音楽学園
桃ヶ丘音楽大学大学院
桃ヶ丘音楽大学
ドコ
ドコ
テンポ120
ドコ
126……
ドコ
132……
ドコドコ
ドコドコ

……
ハア
ハア
ハア
ドコドコドコドコドコッ
バン
いやぁぁぁ――――!!
もうっ
耐えられない!!
わ――っ

ど……どうしたんですか？あの人
ああ真澄《ますみ》ちゃん
彼女は閉所恐怖症で練習室が苦手なんだよ
よくああなるんだ
でも彼女はティンパニーすごいうまいんだぜ——
Aオケだしィ
マリンバやドラムも……
自称〝打楽器の女王〟！
彼女……
女王……？
もうイヤ！
山形へ帰りたい!!

山形の広い空の下で暮らしたい！
でも……
キャー
千秋さまよっ
あっ本当だー
千秋《ちあき》さま!?
ああ……
でもやっぱり千秋さまのいる東京を……この学校を離れられない　わたし♡
すてき…

一度でいいから
千秋さまと
お話ししてみたい
千秋せんぱ〜〜いっ
げっ
お待たせしました——♡
待ってねえ!!
うきゅー
先輩
これから
練習ですかー?
なんで学校にきてまで…
のだめ
先輩のピアノ
聴《き》きたいです
〜!
憑《つ》いてくんな!
ジャマだっ
え——
いいじゃない
デスか〜
2人はいつも一緒デス…
ピアノ科2年
野田恵《のだめぐみ》

殺すリスト最上位!!
うで組んだ…うで組んだ…うで組んだ
ザッ
ザッ
まあ……こんなもんだろ
ふー

すご〜〜〜い！
この曲
千秋先輩が
作ったんですか
〜〜〜!?
しゅてき
――！
ギャピー
ロマン
チック――♡
ロマン……
そうかあ？
第2楽章
だからか？
タイトルは
〈のだめ♡
ラプソディ〉で
決まりですね
！
キャ♥
決めるな!!
勝手《かって》にっ
なんだ
そりゃ
この曲は
そのうち
オケ用に全部
書いてみる
つもりで……
もう少し
ハデな曲になる
予定なんだ
オーケストラ!!
ほえ
じゃあ
管弦とか
全部考えるん
ですか!?
まあ…な
すご――
い!!
曲を作った
ところで
オケはないが
……
学生の分際で
当たりまえだけど

オーケストラか……
どうしたんですか？元気ないですね
なにか悩みが……？
あ!!
今日の夕ごはんならお鍋《なべ》がいいデス♡
バゴー
ぎゃぼん
ごはんの献立に悩んでるんじゃなかったんだ……
ムキュー…
でも……
ごはんの買い物頼まれちゃった〜〜♡
ギャピー
仲よし夫婦!!

ザパーン
ゴーンッ
なんだ? どーした!?
大丈夫か!?
上から水とバケツが
オイっ だれだよ
あれ~~~?
だれもいねーぞー
???
SWEET HOUSE

この手紙を2日以内に
100人に出さないと
おまえは死ぬ。
死んじゃえ
委員会より
手紙だ!
洋子《ようこ》(母)かな!?
202
千秋
手紙書くの
手伝って
くださ――い!!
わ～ん
レターセット
アホか――!!
今どき不幸の手紙…
ビッ
こんなの
ただのイタズラに
決まってンだろ!!

いたずら……
だれが!?
知るか!
死んじゃえ委員会…
おまえ なにか心当たりはないのか?
人にうらみをかうような……
ドロボー
ドロボー
↑昼メシ略奪すること28回
マキちゃん……?
それとも学食のおばさん?
近所の魚屋さん!?
なにをやったんだおまえは……
それより今日頼んだ晩メシの食材はどうした!?
ちゃんと買ってきたのか?
ああ……ハイ!
ちゃんと買ってきました♡
でも……買い物のメモが水でにじんでわからなくなって
イナゴ
ザーサイ
春巻き
解読できたのがこれだけで……

オレは鍋の材料を頼んだんだ――!!
コンブにハクサイに春菊が…
ええーっ なべ!?
なんでイナゴ――!?
じゃあイナゴ鍋とか…
ひァー!
やめろー
↑ふるえるほどキライらしい
つるん
ズベッ
おおーっ
バ…バナナの皮…
パン
ギャ
かんしゃく玉…
ガラッ
ボムッ

わー
矢のだめ
マキちゃんごめんなサーイ!!
わたしじゃないわよ!!
ずいぶん古典的なイヤガラセね〜〜〜
バカ
至近距離なのがスゴイ――
フンッ
だれだか知らないけどいい気味だわ
これにこりたらもう人の弁当盗《と》るんじゃないわよ!
それは約束できまセン!
コリてない……
でも今日は
ちゃんと自分のお弁当持ってきたんですヨ〜♡
昨日の夕食の残りものをつめこんだ
千秋先輩の愛妻弁当〜〜〜♡
キャピ

はぁ~~~?
千秋先輩……?
妄想妄想
いつもの電波よ
いっただきま~~~す♡
パカン
イナゴだけ
おいしゅうございました♥
死んじゃえ委員会
む……
むきゃーーっ
ゆるせまセン!!
殺しマス!!

吊《つ》るしマス——!!
むきー
食べ物が絡んだとたん
人格変わってるよ……
カツ…
スー…

捕まえたぞ
コノヤロ！
がぼ!!
（確保!!）
キャ——
コラッ
おとなしく
観念しろ！
いやぁ——!!
だましたわねぇ
どこの
どいつだ!?
カツラを
取れ!!
グイッ
痛ぁ〜〜〜い!!
自毛《じげ》よ
自毛!!
やめてぇ
〜〜〜〜!!

げっ
おまえは……
ティンパニーの〝真澄ちゃん〟!?
峰《みね》くんの友達!?
いや……つか
管弦学科の同級生で
ずっと授業がいっしょだったから……
放してよ!!
、、留年太郎《たろう》!
、、、龍太郎《りゅうたろう》だ!!
キー
キイーンッ
なんでわたしにイタズラするんですか!? 死んじゃえ委員会ってなんですか!?
みんなで怒鳴《どな》らないでよ あたま痛いじゃないのよ! なんなのよ!!

とにかくアンタ
野田恵!
千秋さまに近づかないで!
いっ……
はぁ〜〜〜……
なんだ
そーゆーことか
そ……
そーゆーことってどーゆーことでスカ!?
なんで千秋先輩……?
千秋さまはわたしの王子様……
遠くから見つめるだけで生きる勇気と希望を与えてくださるわたしのアポロン♡
つまり太陽
アポロン千秋

それがなに!?
最近
視界に入ってくる
このこ汚い女はっ
なんで
千秋さまと
あんなことや
こんなこと……
信じらんない!!
ギャ〜
焼き増し
お願いしマス
!!
キャ〜
家がとなり
だからって
図々《ずうずう》しいの
よ!!
毎日毎日
ごはん作って
もらったり
してっ
よく調べて
あるじゃ
ね〜か……
許せない！
こんな
チンチクリン
千秋さまの背景に
ふさわしくないのよ
これだったら
多賀谷彩子《たがやさいこ》
のほうが
ずっと
マシよ!!
チンチクリン…
ハァ
ハァ
あの……
千秋先輩は
男ですヨ？
だから
なに？
そういう
シュミの人だ
悪い!?

こうなったら野田恵!
わたしと勝負しなさい!
ぎっ……
こうなったらって……どーなったんだよ
なんでイキナリ勝負…
とにかくこいつには負けたくないのよ!
勝負…
どっちが女として上か思い知らせてやるわ
電波同士の対決か……おもしろそーだな
ドキ
ドキ
でも……なにで勝負すンの?
ティンパニーで
じゃあわたしはピアノで
そんな勝負あるか――!!

もっとわかりやすい勝負にしろよ!
なによそれっ
そうだな例えば……
2週間後の24日……
千秋とのデートの約束をしたほうが勝ち!
とか
2週間後の
24日……
クリスマス・イブデート勝負!!
じゃーーーん!
見て見て!龍ちゃん
インザギ・クリスマス
2001年 12月 24日 開演
18:00 開場 19:00
SS席1階G-24
¥30,0
22222-4568
キング・オブ指揮者インザギの来日クリスマス公演のチケット♡

おお――っ すっげ――！
キャノ
これ プレミアもんの チケットだろ――
ふんぱつ しちゃった～～～♡ 千秋さま インザギ 好きかしら～～～
好き好き！
オーケストラ大好き！
あいつ こーゆーのに いちばん よろめく タイプだから
なんだぁ つまんねーな―― もう のだめに 勝ったも 同然じゃん！
でも……
こんな コンサート 誘うまえに お友達に ならないと……
ドキドキ ドキ
こ…… 声 かけなきゃ…
ああ！
でも わたしなんかと いっしょに行くの イヤだって 言われたら どうしよう!!
わたし 死んじゃう!! 死んでしまう
ヒィィ どうしよー こわいわ こわいわ―
大丈夫 大丈夫♡
オレが 千秋と 友達になれる とっておきの秘策を 教えてやるよ

24日?
はい!
24日に ふたりで どこかに食事に 行きませんか!?
はあ~?
なんでオレが おまえと どこかへ 行かなきゃ いけないんだ
だから 食事に……
いつも 食ってる だろう
いや その…… たまには外で 食べるのも どうかと……
ん~~~♬
!?
んん~~~♬
ここのチェロはヴィオラと混ぜて……
ん ん~~~♬
ここでクラリネット!

ピッチカート
♪
♪
先輩
ステキ…♡
ん？
おう♬
トランペット全開！
パァー
24日……わたし 部屋を掃除してケーキ作りマス!!
へー♬
だから先輩うちに来てください！
むきゃー
やったぁ――♡
もう勝った――！
ね――見て見て
コレ早川《はやかわ》くんじゃな～い？
あ――っ本当だ！すご～い
早川くんってドイツに留学した指揮科の――？
そうそう

へー
あの有名なゲルハルムの公開セミナーの受講生になるなんてスゴーイ！
ゴフッ
最年少じゃな～い？
オーディションで選ばれた若手指揮者の登龍門
早川《ハム》がゲルハルムの受講生!?
ちょっと見せてっ！
え……あっ
はいっ
LASSICC JAPAN
ギャー
千秋さまっ
キャー
そんな……
～第15回～
ゲルハルム公開セミナー
特別
ハルム公開セ
ヴィエラ先生も講師を……
だってあのセミナーでは

日本から唯一参加した
早川有紀夫君（22）
ヴィエラから指導を受け
ナンダヨソレ……
ドドド・・
〝千秋におまえの華麗なティンパニーを聴かせてやるんだ〟
ドンドン
〝千秋に認められれば友達になれる〟
ドンドン
〝オレのようにな!〟
今度のオケのリハでわたしも羽ばたいてみせる!!
龍ちゃんのように…

ガッツシャ
ガッツシャッ
ガッツァ
のだめ……
なに
やってんの?
ケーキの
練習です
ガッシュ
ガッシュッ
いや……
だから
なんで
学校で
やるのかって
……
クスリマスは
もーすぐ
だから──♡
メレンゲ
メレンゲ~♪
もた~ん♪
結局……
こんな勉強
ひとりでしてた
ところで
なんになるって
いうんだ──

Lesson 8

こんな曲
作ったところで
なんになるっていうんだ――
いくら勉強しても
早川《ハム》にさえ
負けてるオレ
ただ
飛行機に
乗れないだけで
結局は
また鬱期突入中
このまま
人知れず日本で
消えてゆくしか
ないのか!?
ピンポーン。

千秋せんぱぁ～い♡
ぎゃぼー
チョコ味
クリーム味
具
ジャム
ピザ味
チーズ
サラミ
スポンジ
カレー味
ニンジン
カレー
肉
クリスマスのケーキ
なに味がいいデスか～～～？
クリスマスって……
なにそれ？
え～～～っ クリスマスってわたしと先輩がふたりでケーキをつつく聖なる夜のことですヨ～～～♡
約束したじゃないですかー
キャ♡
知らん
えっ……
でも……24日はわたしの部屋でクリスマスしようって約束……
知るか！そんな約束
あう…
なんでオレがおまえとクリスマスなんか！

オレは今
忙しいんだっ
くだらない用事で
いちいちうちに
来るな！
ほっといて
くれ!!
メシも
自分で
食えっ
バ
ー
ン
ガーーーン……
なにが
クリスマスだ
バカバカしい！

アホな人間と
つきあってると
よけい落ち込む
千秋ィ〜〜
どうして……
チャオー
千秋！
今日
これから
ヒマー？
また天然の
アホが来る!?
ヒマじゃ
ねえ！
よるなっ
スタ
スタ
え〜〜
授業
終わったん
だろ？
これから
ホールで
Aオケの練習
あるらしーから
見にいかねえ!?
オレの友達が
ティンパニー
やってンだよ♡

峰の友達……
行かん!
なんで——!?
アホにきまってる
すっごいうまいんだぜそいつー
絶対聴《き》いてみる価値あるからー
いやだっ
将来有望の天才ティンパニー奏者!
まぁだまされたと思ってー
あはは・・
うそォー
どーしたの?そのカッコ
何ごと〜?
あはは
やだーっ真澄ちゃん
本番じゃあるまいし

なんで正装ー？
うるさいわね！
悪い!?
わたしは今日の練習に命かけてンのよ
あんたたち絶対ヘマすんじゃないわよ!!
キィ～
え～～～っ
なんで～～～？
練習なのに――
だって
だって今日は……

千秋さま♡
きてくれた～…
コン
コンッ
外国人先生
デハ
今日ハ
第2楽章カラ
ハジメマス
ベートーヴェン
交響曲第9番
第2楽章――
見ててください
千秋さま♡
奥山《おくやま》真澄（21）
あなたへの
熱い想《おも》いを
このティンパニーに
託します――

千秋さま……
聴いて！
わたしの
この想い
げっ
どうか
ひ
わたしと……

ドド
ドンドド
オ
ン
友達になってください♡
わな…
わな
ストップ！
ストーップッ
ティンパニー
GET OUT!!
(出てけー!!)
えっ

えっ……
カ
ラ
ン
あれがおまえの友達か
峰
いや……っあれは……
あわわ…
最悪のアホだな

最悪のアホだなー
最悪のアホだなー
…アホだなー
ホールにひびく声
ぶふっ…
目をつぶって聴いていれば〝最高〟だったのにな
やっぱりオーケストラっていいよな……

オレはここでも観《み》ているだけか——
チーーン…
裏軒丼
ハンバーグはじめました。
ご愁傷《しゅうしょう》さまでした
ふたりとも
五目チャーハン
カツチャーハン
キムチチャーハン
うっ…
裏軒
裏軒
〝クリスマス♡千秋とデート杯〟——両者敗退

わーーっ
どーして先輩は急に態度をひるがえしたんでしょうかあ
どーしてわたしが退場させられるのよーー!!
約束したのに!
愛を表現しただけなのに!
ピザ味のケーキがいけなかったんでしょーか!?
あの指揮の先生がいけなかったのよね!?
なにもかもがいけなかったんだろ……
来るな!ほっといてくれ!
のだめこれからどうしたら……
帰る家も愛もなくして……
ぶひ
あんたなんかまだマシよ!わたしなんんか……
最悪のアホだな
友達になるどころか人として激しく軽蔑《けいべつ》されちゃったのよ!
あるだろ…家

まったく……真澄ちゃん普通に叩《たた》いてればよかったのに
踊るティンパニー奏者なんて見たことねーよバカじゃねーの
峰くんもよく踊ってますヨ？
どうしたらいいのわたし……
オケまでクビにされちゃって
ティンパニーをひとりで叩くなんて……
耐えられない！
せまい練習室にひとり
もうお終《しま》いだわ!!
もう山形に帰るしかないんだわ——!!
そ……そこまで思いつめなくても
わーっ
夢やぶれて山河ありよー
あんたたちはいいわよね
もともと落ちこぼれだし
ヴァイオリンにピアノ——

どっちもひとりで演奏できる楽器だものね……
わたしはひとりじゃ輝けない
真澄ちゃん……
あの……
3人でアンサンブルやってみませんか?
ピアノとヴァイオリンとティンパニーで

真一《しんいち》
今年のクリスマスはどうしてる？
またクリスマスの話か……
どうって別に……
ふーん…やっぱりねぇ～
また今年もうちでパーティーあるらしいけど来る？
それとも今年はふたりっきりで過ごす？
真一の部屋でわたしケーキとか焼いちゃおっかなー♡
24日……わたし部屋を掃除してケーキ作りマス!!
あ……
だから先輩うちに来てくだサイ！
♪
おう♪
思い出した……
真一？
聞いてる!?

彩子……悪いけど
ピザ味
カレー味
ピンポーン
201
野田☆
べつに義理立てする理由はないが――
約束は約束だからな……
"味"って……?
ちゃんと丁寧《ていねい》に
お断りしよう!
ピンポン
なんだ留守《るす》か
まあいいか
どうせすぐうちに来るだろ……
ねーねー
最近のだめ見なくない?
3日間ほど!

あー……そういえばいないよね
いつも昼ごはんにはいるのに……
授業には出てるみたいだけどー
どこでなにやってンのかなー
あんなにまとわりついてきてたのに
とうとうのだめにまで忘れられたかオレ
世界は
あっというまに変わってゆく……

え?
この曲……
!?
ちょっとなによ!
あんたの
そのリズム!!

わたしが120で叩いてンのになんで途中からテンポ変えるのよ!!
気持ち悪いじゃないの!!
走ってンのよっ
え〜〜〜っそんなリズムくるってますか〜〜〜？
わからナ〜イ
真澄ちゃんのリズムが正確すぎるんだよー
人間メトロノーム…
ジャズなんだからそのへんもう少しラフにやろーよタメとか大事だしー
ドラムセット
フンッ
タメるのはいいけど走んないでよね
の駄目！
のだめデスー!!
ムキー
まあまあ
じゃあもう一回頭からー

オレの作った曲──
あいつ一回しか聴いてないのに
みんなでジャズにアレンジして──

いい曲よねーコレ♡
さすが千秋さまの作った曲……♡
幸せ…♡
当然だ――
でもな～
やっぱベースいないの無理があるよなー
ジャズだしィ
アレンジにだって無理がある
のだめの腕がもう一本あったら～～
ピアノでベースやれるのにィ
…………

腕一本でよかったら
参加するけど——?
な……なんだよ
その反応
悪いか!?
他人《ひと》の世界をうらやんでいても仕方ない

自分の世界は
自分で変えなければ――
やーっ
真澄ちゃんが失神したーっ
ほげ!っ
12月24日
クリスマスイブ
そして学校
ヒュウウウ

のだめは
今のとこ
もうちょっと
抑え気味で
ヴァイオリンを
前に出して
峰は
ソロ入る前の
フレーズ
突っ込みすぎ
モジャモジャは
36小節目のフィル
2拍前から入って
じゃあ
今のトコ
直して
もう一回
最初から
な……
なんだよ
その反応
なにか
文句ある
のか？

いい加減にしろよ!!
何日やれば気が済むんだよ
細かすぎるんだよ!!
"モジャモジャ"って呼ぶのはやめて——!!
真澄って呼んで—
だったらさっさと完璧《かんぺき》に演《や》れ——!!
ぎゃぼー
今日はクリスマスパーティーするって言ったくせに——!!
わー
ケーキ
かつどん〜〜〜!!
こうして4人の初アンサンブルは
千秋の完璧主義の前に年内に終わることがなかった
裏軒

Lesson 9

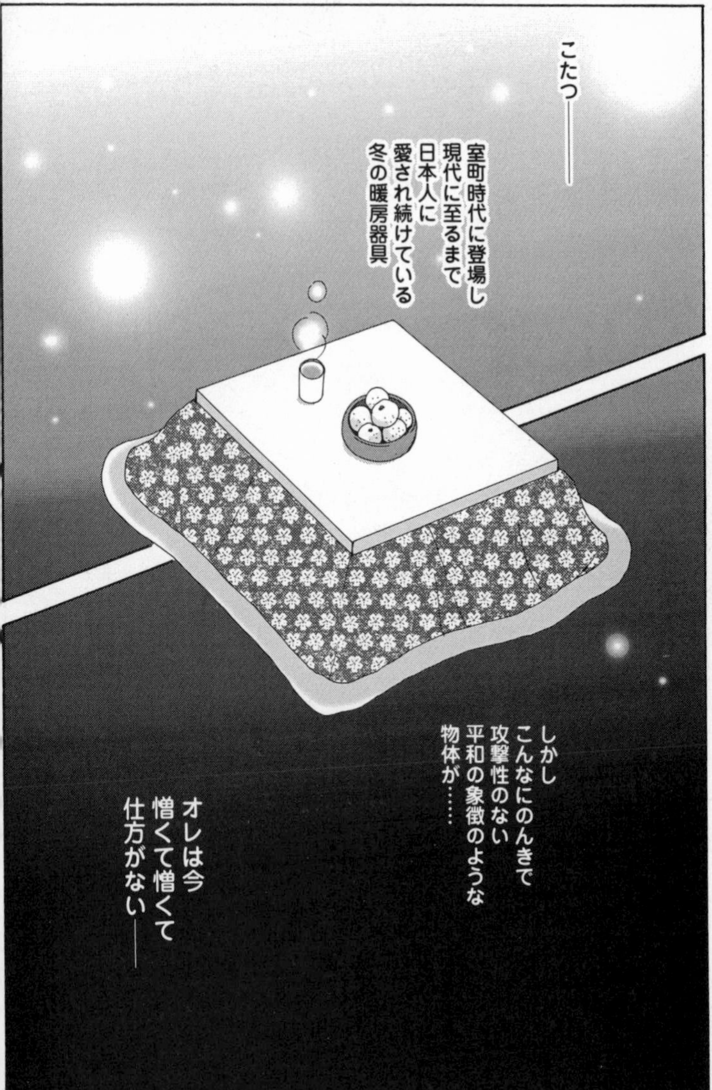
こたつ――
室町時代に登場し
現代に至るまで
日本人に
愛され続けている
冬の暖房器具
しかし
こんなにのんきで
攻撃性のない
平和の象徴のような
物体が……
オレは今
憎くて憎くて
仕方がない――

はじまりは
去年の
年末──
え……
おまえ 実家に
帰らないの？
ハイ！
千秋先輩も
帰らないって
いうし
絶好の
チャンスです
から♡
なんの
チャンスだ!?
恋の……
キャ♡
帰れ帰れ!!
星へ
帰れーっ
まあまあ
そう言わずに
ふたりで
鍋を
やりましょう♡
鍋ぇ〜〜〜!?
実家から
鍋セットが
届いたんデス！
どん
痩身茶
野菜と肉ー

このあいだの鍋はイナゴが台無《だいな》しにしちゃったんで再挑戦ですね♡
こんぶ～♪
おまえが台無しにしたんだろ……
む…いいしいたけ！
なに？どうかした？
ん～～～……
先輩の部屋とってもキレイなんだけどなにかがたりない……
はぁ～～～？
オレはなるべく物を置かない主義なんだ
なんか文句あるか？
あっ
そか!!

これこれ！
こたつ！
ドドン
鍋にはやっぱりこたつでしょう♡
な……
そんなもんうちに持ち込むな──!!
え
いけませんか？
あたりまえだ!!
オレはそんなふとんつきのもっさりしたテーブルは大キライなんだ!!
大キライってそんな〜〜
こーんな気持ちのいい物この世にふたつとないじゃないですかー
先輩だって入ったことぐらいあるでしょ〜〜!?

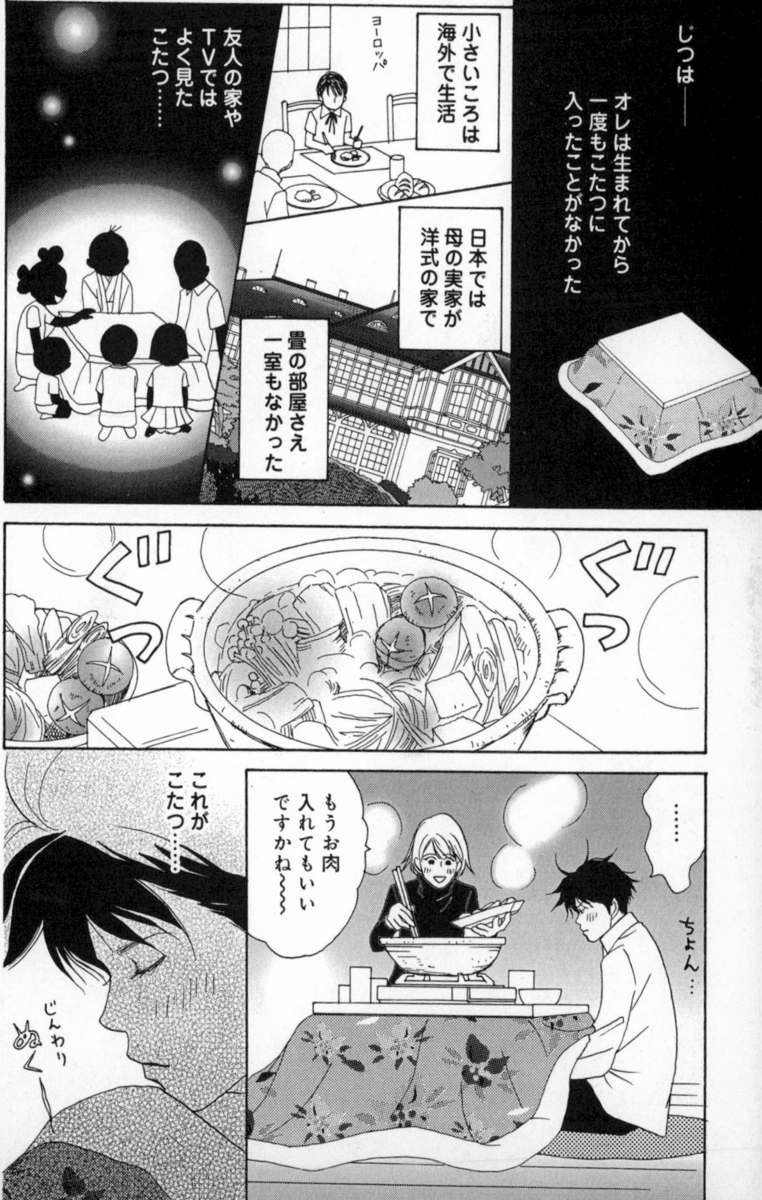

じつは――
オレは生まれてから一度もこたつに入ったことがなかった
小さいころは海外で生活
ヨーロッパ
日本では母の実家が洋式の家で
畳の部屋さえ一室もなかった
友人の家やTVではよく見たこたつ……
ぐつ
ぐつ
……
ちょん…
もうお肉入れてもいいですかね～～～
これがこたつ……
じんわり
ぬく

あったかい……
ぐつぐつ
先輩！もう野菜も煮えてますよ～
のだめ妻だから取ってあげマス♡
だれが妻だ…
まぁいいか
ほのぼの～
はいあなた♥
一日くらいこたつ体験……
チュン
チュン…
ん……

ぶご
げっ
しまった～～
昨日
食いすぎて
つい……
こたつで
そのまま
ほが
ピアノの
練習も
忘れて……
まぁ
いいか……
鍋の片づけも
ピアノの練習も
もうひと眠り
してからで
ぬく
ぬく～
こたつって
なかなか
出がたい
――

「新婚さんこんにちは♡」
いらっしゃい
ラブラブ年忘れスペシャル♡♡♡
いいなー♡新婚さん
ラブラブ…
のだめも出た〜〜い♡
あ!
先輩こんばんは〜〜〜
ツヤなし無造作ヘアですねー♡
ギャぴー

どーーん
さっき部屋に帰ったらちょうど実家からミカンが届いたんですヨ〜〜
みかん
先輩もおひとついかがですか?
のだめ妻だからむいてあげマス♡
ちょっとまて……
なんでおまえパジャマでうちに?
ドキー
それになんだ?あのTVは
なんでソファーの上に!?
だって──先輩のうちTVを床に置いてて
おこたが高くて見えないしィ
なら自分の部屋で見ろよ!
みかん みかん
のだめの部屋おこたがないと寒くて──

だったら もう持って 帰れ！
ここに 住みつくんじゃ ねぇ!!
まぁ まぁ
あとで ちゃんと 帰りますから
とりあえず ビールなんか どうですか？
カン
先輩 おこたで 寝たから ノドとか 渇いたでしょー
KIKIN BEER LAGER
さっき コンビニで 買って きましたー♡
ごくー
き…… 気がきくじゃ ねーか
そだっ お鍋！
材料が まだ たくさん残って るんですヨー
負けた
ガチャ ガチャ
プシュー
また お鍋 しましょう♡
ぐつ ぐつ
まあ いいか……
カー
妻だから とる…♡

今年ももうすぐ終わりだし（意味なし）
はい先輩あーん♡
自分で食う!
えー夫のくせにー
う…
二日酔《ふつかよ》い……
ガン
ガン
な……
ごわー
みかん
なんだこれは!?
まるでのだめの部屋……
の……のだめ!?
帰ったのか
ふう…
助かった……
ぐったり…

とりあえず片づけはあとにして
よれ
風呂《ふろ》……
ザアア
のだめ菌を落とさねば……
ザアア
日本の名湯
あいつ……
うちの風呂に入ったのか!?
のだめ〜〜
バキィ
ここに住まわれてたまるか!!

ガチャンッ
玄関ロック！
こたつはあとで叩《たた》き返《かえ》すとして
とりあえず一度ちゃんとベッドで寝て生活を元に戻そう……
ガチャ…
寝室→
スピー
ふ……
ふざけんな——!!

ふおお──っ
ビックリしたぁ〜〜
どうしたんですか？先輩
どうしたじゃねぇ!!
なんでおまえがオレのベッドで寝てンだ!?
勝手《かって》に風呂にまで入りやがって
警察につき出すぞ！
キャ
出ろっ
だって〜〜先輩の部屋お風呂も広いしキレイだし
寝室だってあるしィ
のだめも久しぶりにベッドで寝てみたかったんデス〜〜
おまえのベッドはゴミに埋まってるだけだろ！
掘り起こせ!!
わ〜〜ん
ムリです〜
ピンポーン
あお客さん

だれだ!?
宅配便でーす!
くそっ
ガチャッ
なんちてーーメリーおおみそかーー!!
こんばんはー♡
元旦イヴ!!
なんちてー
↑大ショック
年越しチャーハン持ってきたぞーー!
これ食ってみんなで仲よく年を越そうぜー!
裏軒
わたしはお酒を……♡
千秋さまお酒がお好きだっていうから♡

のだめも電話で呼び出すかー？
ズカ
ズカ
おじゃまします～～～♡
キャーキャー
裏軒
初千秋さまの部屋～♡
あれ～～～
峰くんに真澄ちゃん？
いらっしゃーい
げっ
どーしてあんたがここにいるのよ!?
なにしてんのよッ
なんでパジャマなのよ!!
のだめのこたつ……
のだめのゴミ……

千秋
同棲《どうせい》……
してねぇ!!
寄、生、だ!!
きーーっ
殺す!!
この
座敷《ざしき》
童子《わらし》ーー!
ぎゃぼーー
こたつ
こたつっ!
いいじゃん
コレ~♡
雰囲気
あってー
みんなで
ぬくぬく
しよーぜー
裏軒
まぁー
なんか
しんないけど
みんなそろったし
ちょうどよかった
あっ
ギギ…
もうすぐ
紅白
はじまりマス!
ワーーー
キャー!!
ダ・パンプ
見なきゃ~~~♡
モー娘。
モー娘。♡
もうすぐN響の
〝第九〟があるのに……

どうして
こんなことに!?
わはははは!!
キャ――♡
ぴぎゃ――っ
すげー
衣装ー
つか
人間どこよ?
あいかわらず
歌ヘタね~~~
この人
前川《まえかわ》先生は
まだですか?
だれよ?
前川先生って
前川きよし
♡
なんで
〝先生〟
なのよ!!
おい
TV雑誌
どこ――?
あ――
あります
あります
みかん

ひょい
ズズー
ボコッ
失敗
のだめ──っ 酒くれ！ 酒──っ
ねえ おつまみ もうないわよ〜〜〜
のだめ 買ってきてよ
え〜
やだー さむいー
峰くん 行ってきてヨ

オレ 今 だめー
ネコが 足の上 乗ってンだよ
どこに ネコが いるのよ!!
キィー
うそつき ずるいー!!
そうか……
今やっと わかった ……
諸悪の 根元は
すべて この こたつだ

このこたつとともにのだめの侵略を許し
このぬくぬくとした温度とふとんで身体《からだ》と頭の感覚を鈍らせ人間を脱力させる
このままでは客用のふとんなどないオレのうちでもこいつらを容易に泊めてしまえるだろう——
おい
金はやるからみんなでコンビニ行って酒とつまみ買ってこい!
バタ—ン
今のうちだ

今のうちに
この忌《い》まわしい
物体を家《うち》から
排除しなくては！
ズルズル
ポーーイ
バタン
ガチャン
これであいつらも
こたつごと
のだめの部屋へ
移るだろう
ゴミは
ゴミ箱に
帰るがいい！
ガチャ ガチャ
ガチャン
え!?
ひイ

わはは
まぁ〜
なー!カギ持って出てよかっただろ——
本当だわ——
ヒドイ男ですネ
さ——てこたつこたつ!
よいしょー
元にもどしてしきり直しだー
もうすぐ除夜の鐘ですヨ〜〜〜♡
ゴーン
そして——
あけましておめでとう——!!
おめでと——♡

このこたつ祭りは三箇日中《さんがにちじゅう》催され
第九～
じゃあね～
またな～
気がつけば
うちはのだめの部屋と化していた
それはこの世の生き地獄
もしもし粗大ゴミの回収お願いしたいんですが

ちょっとお買い物いってきマス♥
鬼《のだめ》の居《い》ぬ間《ま》に
粗大ゴミ
粗大ゴミ
さらばこたつ
もう二度と入ることもあるまい

はー
満足…
のだめには悪かったが
あいつもこたつがなくなればもしかしたら生活の改善も……
ピンポーン
のだめか
はーい

ガチャッ
先輩先輩♡
今外ですんごーいいいこたつ拾っちゃった〜〜〜！
これで一家に一台置けますヨ〜〜♡
粗大ゴミ
頼むからもうやめてくれ――!!
わ
はぁー？
敵は最初からこたつではなく「のだめ」だったのだと悟った千秋だった――

のだめ
カンタービレ

NODAME CANTABILE
ズベッ

Lesson 10

学校法人桃ヶ丘音楽学園
桃ヶ丘音楽大学大学院
桃ヶ丘音楽大学
ゲイシャ♡
スキヤキ
ロッポンギ♡
スシ……

やっぱり
ゲイシャ♡♡
TOKYO
JAPA
だれ？あの外人さん
新しい先生？
知らなーい
そんな話聞いてないけど？

オレ最近
ヴァイオリンが
ものすごーく
うまくなった
気がする！
プッ
だれだぁ
——!?

？
オレのファンか？
ドドド
千秋さまとお友達になってから早1ヵ月——
今 わたしは最高に幸せ！
キャー
幸せの大洪水♡

キャー
チカーン!!
おい へんな外人の ジイさん ウロウロ してない？
してる してる
ドロボー？
新しい 先生？
オレさっき 練習室 のぞかれたー
わたしも わたしも！ なんか気味 悪くなーい？

ブラボー!
♬
♬きょ〜の ゴハンは
♬なんじゃろな〜
スミマセーン!
はぎゃ?
オ〜〜〜!
アナタは さっきの
ファンタスティック ガール!

ここで会ったがヒャク年目〜♡
コンニチハー
タクシー走る道教えますかー?
ぎゃぼー
外人サン…
タ……タクシー走る道……
あ!
大通り行けばありマ〜ス!
オオドーリ!あっちイッテ左マガッテー右マガッテー
全部日本語→
さっぱりわかりまセーン
ガシッ
やさしいおじょうサン
プリーズ案内もらえまスカ?
えっ……
ついでに食事でも♡
食事!?
はい♡スシでもスキヤキでもなんでもゴチソウしまース
寿司《すし》……スキヤキ
でも……悪いしィ

知らない人についてっちゃダメってお母さんが……
Nein《ナイン》～わたしあやしい者じゃありまセーン
パスポート
ドイツから来た善良な観光客ミルヒ・ホルスタイン
あしたは知人と会う約束あるケド今日はひとり
老人ひとりとても寂《さび》しいデース……
ひとり…
わかりました！
のだめといっしょにゴハン食べましょう♡
そだ！
この近くにとーってもおいしいゴハンが食べられる所があるんですヨ♡
行きまショー！
のだめチャン…♥
SWEET HOUSE

わあ――♡
ちょうどできてるできてる！
ジャストタイミングでしたネー♡
今日はまたゴーセーな……
はう〜ん…
いいニオ〜イ♡
ブーケガルニの香りがしマース
フランスの家庭料理ですネ〜♡
さあさめないうちにいただきましょー♡
オオ！こんなところにワインです♡
あ！
千秋先輩も座って座って
いっしょに食べましょう
バキィ

だれの家だと思ってンだ——!!
この寄生虫!!
ほげーー
なにが座って座ってだ!!
しかもなんだこのジイさんは!?
勝手《かって》に人の家に招き入れやがって
盗賊か!? おまえら……
ワイン飲むんじゃねー!!
のだめちゃんココ……レストランちがうの?
恋人の部屋デス
恋人じゃねえ!!
ボソ
ボソ
だれなんだよっその怪《あや》しいジイさんは
あ……怪しくないです!
のだめのお友達デス!
ね
さっき道で知りあった
名前は……
えーと…
さっき…道で…
おい
それでも友達か?

あっ
ミルヒ!
ミルヒ・ホルスタインさんです!
ドイツ人!
その名前……
どこかで……
▼ドイツ語
Milch《ミルヒ》
牛乳
Holstein《ホルスタイン》
明らかに偽名じゃねーか
あっ ミルヒー
こちらは千秋先輩
音大の先輩です♡
Ya《ヤー》〜〜!
音大《オンダイ》!
はじめまして千秋ー
だからピアノあるですネ〜
ハイ! とーってもうまいんです千秋先輩♡

ほ〜
それはゼヒ
聴《き》いてみたい
ですネー
オ〜
いいピアノ
ネ〜
どういう
つもりだ?
このジジイ
ドロボーか?
千秋…クン?
この男は
知りあいですか?
オレの指揮の
師匠だ!
勝手に
さわるな!
指揮……

ヴィエラの
弟子？
きみ……
指揮者に
なりたいの？
悪いか!?
なんだ
その目はっ
のだめちゃん
ここを
出まショウ
えっ
千秋くんも
迷惑している
ようだし
わたしの
泊まっている
ホテルへ
行きまセンか？
でも……
せっかくの
ゴハンが……
CHU♡
ボクの
ホテルに
とてもステキな
スシ・レストラン
ありマス♡

ホテルだ～～～!?
さ♡
行きマショ♡
ちょっ……
ちょっと待て!
のだめ!
今日は食後に勉強教えてやってもいいぞ!
べんきょう……
わたしはもっといいこと教えてあげマース♡
あんなことやこんなこと♡
あんなことってどんなこと?
たぶんのだめちゃんの知らナイことデ～ス♡
このジジイ……
大丈夫♡こわくないデスヨ
わたしは百戦レンマだからネ♡
ただのスケベジジイか!

のだめ
今日 うちに泊まっていってもいいぞ
オレのベッドで
腕枕《うでまくら》付き
ぎゃほーーっ
のだめちゃん!!

というわけ
だから
ジイさん
はうーはうー
うで
まぐら～
バン
Glückliche Reise!
(よい旅を！)
ガチャ
あ
これ
やるよ
ポストに
入ってたから
バターン
デリバリーヘルス
出張
0X57-587X
わな…
わな

千秋《チアキ》──
ファサ。。
さあ
どうぞ♡
千秋先輩♡
なにが
どうぞ♡だ!!
このウスラ
ボケ──!!
ぎゃぼーーっ

あんな
極悪ジジイを
うちに連れ込み
やがって！
変人集めを
国際化
すんなー！
帰って
寝ろ!!
ギャー
うそつき！
うそつき
〜〜〜！
ドロボーの
はじまりー
ポーイ
バタン
いいもん
……
千秋せんぱいの
まくら…♡
ドロボー
アホ
のだめ──

転科願
話す時間
なかったじゃねーか
千秋〜っ
はぁ…
すごいぜー!!
ビッグ・
ニュース!!

今度うちの学校に来る指揮の先生！
なんとなんとなんと〜〜〜！
あの超有名な指揮者！〝シュトレーゼマン〟なんだぜー!!
え……
シュトレーゼマン……
フランツ・フォン・シュトレーゼマン
ウィーン・ベルリン・ロンドンなど世界中のオケを指揮してきたドイツの巨匠

そんなまさか……
なんでそんなビッグ・ネームが日本の大学に――
今教員室に来てるから！
本当だって！
うちの理事長と旧知の仲らしくって……
あーもう！
ウソだと思うんなら見てみろよ
そんな……
人が転科を決意した直後にそんなうまい話があるなんてことは――

美しい先生ばかりデスネ〜
日本語とお世辞がお上手で──
まあっ
バーン
あるわけなかった──
な!
いるだろ! シュトレーゼマン
本物だぜ── ちょっとイメージちがうけど〜

あのスケベジジイが
シュトレーゼマン
!?
写真と全然ちがうじゃねーか!!
若き日
え?
新しい学生オケを作りたい?
ハイ
わたしが選んだ生徒で
わたしのオケを
ザワ
し……しかし
先生に見ていただきたいのは指揮科とAオケでして
もちろんそちらも正しくやりまス
新しいオケは遊びです

わたしのレッスンを受けるチャンスをより多くの生徒に与えたい――
日本にいる1年でできる限りのことをしたいのデス
先生……
さすが巨匠……
ジツはもう生徒の選抜はできてマス
バラッ
この写真の生徒たちを集めてくだサイ!

5枚100円
5枚100円
OH〜〜〜！マチガイマチガイ!!
これはおタカラ写真〜〜〜♡
本物はコチラです！
あの……
渋谷で買った一

これ……本気ですか？
Timpani
Concert master
？
どしたの？千秋
転科できん――

Lesson 11

「シュトレーゼマン特別編成オーケストラ」
シュトレーゼマン
特別編成オーケストラ
うっそ
まじシュトレーゼマン!?
ザワ
ザワ
ひゃああわたし選ばれてる――っ
げっオレも
ずる～～っ
なんなんだよーこの選考基準って
だれが決めたのー
Violin
峰　龍太郎
Timpani
奥山真澄

やった――――！
キャ―――
うお―
シュトレーゼマン！
シュトレーゼマンと
オケできる～～～っ
すげ―――っ
マスコット・ガール
野田　恵
003
05:32
シュトレーゼマン指揮の
このマーラーの8番を
聴《き》いたときは
こんな美しいマーラーを振る人はどんな人かと……
すごい衝撃だったっけ
それがまさか
あんな人だったなんて――
さらに衝撃

それでも……
やっぱり
教わりたい！
オレは海外に
行きたくても
行けない身
巨匠に指揮を
教えてもらえるなんて
こんなチャンスはない！
やっぱり
転科する
しかない!!
ミルヒー！
なんで
のだめ
「ピアノ」じゃ
ないんですか!?
のだめちゃん
オーケストラの
「マスコット」♡
わたしの
そばにいる
だけでいいネ〜
月刊
エロ
なんで？
なんのため
ですか？
すべて
わたしのため
デス♡
のだめ
ピアノ……
ええ!?
転科するの
千秋くん

千秋?
はい
指揮科に転科を……
千秋先輩が転科——!?
↑じごく耳な2人
まえから考えてたんですけど
コレ
転科願
……そっかー
まえから指揮を……
決めたんで……
今日提出するつもりです
きみのピアノ
変わってゆくの楽しかったんだけどな——

先生……
いろいろと……
だめです!! 先輩!
転科だめーー!!
おーきたね
転科しちゃったら
もうのだめとピアノ弾けなくなっちゃいますよ!!
いつもうちで弾いてるじゃねーか
〝同じ科のよしみ〟がなくなっちゃいますヨ!!
だめっ
ピアノ科やめちゃだめー
意味がわからん!
ピッ
まぁまぁ野田く……
ビッ
ビリッ
ビリリッ

指揮科へのテンカは認めまセーン
パタパタ
ミルヒー…
な……
なんで?
わたしはあなたがきらいデス
超ムカツク
そんな理由があるか──!!
子供か──!?
よくある話デス
この世界
巨匠といえども一教師!!
なんの権利があってこんな!

わたしも教師で あるまえに ひとりの 人間……
間違いも ありマス
でもわたしには 権利なくても 権力ありまス
ここではわたしが 青といったら 赤でも 青になるでしょウ
なに わけわからんことを……
ジジイ……
もしかして 昨日 のだめを 取ったことを 根に持ってるのか？
まさか そんな
小さい こと……
きみは ヴィエラの弟子だと 言いましたね？
え……
わたしが ヴィエラに はじめて 会ったのは 15年前……
忘れもしない

そこはロンドンの小さなおもちゃ屋だった
わたしは3軒目にしてこれを見つけたんだ
わたしは5軒目です
これは孫にあげるんだ!
孫のチェルシーに!!
あなた結婚してないでしょう!!
なにがチェルシーだ!!

おまえ……！
わたしを知っていてその態度か!?
よーく知ってますよ
あちこちのオーケストラでセクハラしたとか不倫したとか……
おうわさはかねがね
おとといのパーティーであなたがしつこく口説《くど》かれた女性はわたしの妻ですが
なにか？
!!
ありがとうございましたー
あんな卑劣な人間にあんなキレイな女房いるなんて
許せまセン！
おいっ
ちょっと待て！
おもちゃの恨みじゃないのか!?
女ですネ

そんなくだらない私怨《しえん》で学びたいという学生を拒否してもいいのか!?
あたりまえデス
師匠が敵なら弟子も敵!
若い芽は早く摘み取りマス!
恨むなら師匠を恨みなサイ
カツ
カツ
悪魔――
先輩……指揮科はきっぱりあきらめましょう♡
小悪魔

ザワ
ザワ
はあ
はあ
まにあった〜〜〜
オレ 学校
休みだったのに
すっ飛んで
きちゃった
わたしも〜
あはは
キャー
シュトレーゼマンの
スペシャル・オケに
選ばれたなんて
感激だよ
でも
もう
集合なんて
早いね
楽器なしで
ミーティング
やるんでしょ?
なんでだろ?
は――
ドキドキ
あっ……
来た!
は――い!
みなサン

今日は突然の呼び出し
集まってくれて感動デース♡
おお〜〜っ
生シュトレーゼマン!
日本語うめー
みなサンはわたしが選んだスペシャル・オーケストラのメンバー
今日からわたしたちは家族デス
でも本当の家族になるには時間と努力とても必要でしょう
「オケは一日にして鳴らず」デス
おおーっうまい!
さすが巨匠……
光が…!神々しい…!
わたしも早くみなサンをより理解する努力するつもりデス……
というわけで
今日は「合コン」をしましょう♡

えっ
日本には「合コン」で親睦《しんぼく》深めること有名デース
研究済みデス♡
今日は「合コン」で音楽のことを語りながら
みんなで楽しくすごしましょー
レッツ・ゴー♡
「合コン」……
ぷ
ちょっと意味まちがえてんだよ
ああ
歌舞伎町一
うつぼ八
ワハハハハ!

チャッチャッチャッ
ソレ!いっき!!
彼氏!
チャチャチャッ
ゴクゴクゴク
いるの?
プハ~
いませ~~んっ
ハハハハ
そーか!いないか――♡
す……すげえ
「合コン」を熟知してる
コール飲み…
フルートのきみの名前はなんていうの?
あ…
鈴木《すずき》です…

ヴィオラのきみの名前は?
下の名前ネ
み……美加《みか》です
あ——
きみなんの楽器?
お〜〜〜!踊り子サン
なにか踊ってくだサイ!
おどり子!?
ワ——
こりゃゆかい!
♪くるみ割り人向——♪
おい……
あれが本当にシュトレーゼマンなのか……?
え?
ミルヒ・ホルスタインさんでしょ?

偽者《にせもの》なんじゃねーか？
ヒソ
ヒソ
ねぇ……
なぁのだめ
ワハハ
千秋が転科したいって言ってるのって本当か？
日本語やたらうまいし
ゲハハ
威厳ないし
スケベだし……
え……
ああ――
その話ならミルヒがビリビリに引き裂きました♡
ビリビリ？
なんだ――つまんねーの
指揮科に転科すれば千秋の卒業も延びるかと思ったのにー
はう？
だって指揮科を1年だけで卒業ってこたぁーねーだろ――
院に行くとかさ――
よくわかんねーけどォー
はううう!?

千秋
卒業したら
ヨーロッパとか
行っちゃうの
かなー？
なんとかって
師匠のとこ…
つまんねーなー
ヨロパ…
ミルヒーー！
千秋先輩の
「転科願」
受け取って
もらいマス！
←すでに犯罪…
お
マスコット・ガールだ
ほうー
ぺら
転科願
しき科に
入れて下さい！
千秋真一

幸せの
黄色い
ハンカチね♡
げ―
千秋って…
びーーむ
ポーーィ
まぁ
まぁ
のだめちゃん
わたしの
ヒザで
飲みましょう♡
ドカーーン
むき――っ
千秋先輩！

退学届
なっ
なんでスカー!?
それっ
退学!?
おい…
ここ
図書室…
いや……
いっそ
もっと
まともな
大学に
行こうと
思って……
変態の
いない…
びーむ
あ
ポーイ
転科できる
ように
学長さんに
直訴しましょう!!
行きき
スよ!!
←必死。
えっ
のだめ!?
学長室

学長さん——!!
なにかね? のだめちゃん
ぎゃぼ————ん
ガクチョーさんは わたしのタバコを 買いにいったけど
用が あるなら 伝えておくヨ ?
学長を パシリに……
のだめ…… ムダだ
やめとけ
ミルヒー!!
ミルヒは のだめの お友達 でしょ!?
涙の訴え
のだめの お願いも 聞いてヨ!!

のだめちゃん……
わかりました……
わたしの負けデス
のだめちゃんがキスしてくれたら千秋の転科は認めましょう♡
ぴぎ
ぜんぜん負けてねーじゃねーか!
コレ負けに等しい
キスなんて欧米じゃ別にたいしたことじゃないデス♡
それはまぁ……そうか?
欧州育ち
なに迷ってンですか!!
むきーっ
たいしたことあります!!
キッスで転科
キッスなしで無転科♡
金のオノか
銀のオノ……

千秋
卒業したら
ヨーロッパとか
行っちゃうの
かなー？
ヨーロッパか
チュー……
じり
え…
のだめ？
おっせーな――
あの
ジジイ

本当に練習する気あンのかよー
また合コンじゃないでしょうねー
やっぱ偽者なんじゃないのー？
へんだよー
じつは「シュトレーゼマン弟」とかー？
ありがちだよなー
でもそんなふざけた話あるかしら？
理事長の友だちでしょー
でも真剣には見えないぜー このオケだって……
たしかに……
なんかヘタクソそーな奴《やつ》ばっか集まってるし……
あーーっくそ！
息がつまる！
早くしろーー
なにやってンだー!? あのジジイ！

▲みんな 自分だけはうまいと思っているらしい。

はぁ
はぁ
はぁ
おい……
どーすんだ？
これ……
いきなり
正拳突き
キスすんのかと思った…
だ…だって
ミルヒが急に
飛びかかって
くるから
つい……っ
死んだ？
……♡
夢を見てる
みたいです！
女の人の…
じゃあ
埋めとけば
治るんじゃ
ないか？
でも
そんな……

あ……
そだ
今日は練習……
もうがまんできない
千秋先輩
オケ振れる？
はぁ？
悪いけどわたし帰る！

えっ
オレも——
ガタ
ガタ
さむいのでぼうしかぶりました
じゃあ
わたしも
——
あっ・・
せっかく
外の個人レッスン
休んできたのに
ガタ
まったく
いい迷惑
だっつーの
帰ろ帰ろー
ちょっと・・・
やっぱ
偽巨匠
だろ——
ドカ
ふざけすぎてる
もんなー
同姓同名
なんじゃ
ないのー？
ドカ
ちょっと
待って
くださ——イ!!
練習
やります!!
やりま
しょ——!
げっ・・・
のだめ……
なんだ～？
マスコット・
ガールが指揮
すんのかー？

ミルヒーは急病なので
今日はこの人が指揮しまス!!
なにィ――!?
お―――
千秋―!?
キャ―――
キャ―――

NODAME CANTABILE

Lesson 12

BEETHOVEN

のだめ
カンタービレ

オレがこのオケを指揮!?
ザワ
千秋さまが指揮!?
キャー
ザワ
なんで千秋が?
キャー
ピアノ科だろー?
千秋って指揮もできるの?
余裕でできます!
なにが余裕だ!
ぷぎゃっ

きょ……
曲はなに？
えと
ベトベンの交響曲7番です！
ミルヒの総譜
千秋が指揮……これはおもしろいことになってきたぞ
よーーし！
7番……
このあいだヴィエラ先生のCDに触発されて勉強したばかりだ
できる!!
みんなは？
練習してきたのか？
このあいだの合コンで曲は決めてあったから
うちで練習してきました♡
オレもーーバッチリ
じゃあジジイがいないあいだ千秋に見てもらって音あわせしておこーぜ!!

まずはチューニングだオーボエ！
A～
ラ
うしっ
ではオレ様が
A♭～
音ちがうじゃねーか!!
低いっ
あれ？
そう？
あははは
だいたいなんで峰がコンマスのようなマネを!?
席もちがうだろ
オレは※コンサートマスターだよ！
失礼なっ
ちゃんと巨匠が決めたんだ！
うそ……
峰がコンマス～～～!?
ぶぶーー
なんだよ
文句あんのか
なんで峰～？
コラァ！

※第1ヴァイオリンの首席奏者。楽団のリーダー。

いやな予感がする……
あ
じゃあ第1楽章からとりあえずあわせてみようか?
しまった…
指揮棒……
指揮法の授業で使ってるわたしの指揮棒でよかったら♡
いえ!わたしのを使ってください!
ずいっ
少し高級です
わたしのは買ったばかりです
べっになけりゃなくても…
キャー
じゃんけんよっ じゃんけん!
大学内でなぜかカリスマ的人気を持つ千秋真一……
ケッ
フン
ただピアノうまくてルックスいいだけでオケの指揮なんかできるのかよ
ボクのほうが美しい……

どうせ
カッコつけて
棒振るだけだろ
ぷぷ……
見物《みもの》だな
もう踊らないわよッ
千秋さまにいいところ見せなきゃ!
オレのすごいコンマスっぷりを見せてやるぜ!!
トンッ
よし……
練習の代役とはいえオケが振れる
こんなチャンスめったにない
始めよう
胸が高鳴る!

はあ
ズルズル
はあ…
ミルヒー
起きてよーーー!
千秋先輩の
指揮
見てヨ!!
のだめも
見たこと
ないけど……
絶対すごいん
だからー
いっつも
すごい勉強
してるんですヨ
きっと
ミルヒーも
好きになっちゃい
ますよ!
ぎゃぼーーーっ
ドカッ
バーキィッ
むぎゅん

ベートーヴェン
交響曲第7番
イ長調
ババン
ベートーヴェンの
中でも もっとも
正統的な技法で
作曲された
交響曲――
導入部は
力強いイ長調の
主和音から
始まり
オーボエによって
奏でられる旋律

弦楽器によって
奏でられる
上行《じょうこう》音階《おんかい》とが
主要構成要素
……
うっ……
げっ……
ぷ・オー
コラぁ!!
な……
ポー
キコ
キコ

なんなんだ!?
このオケは
ものすごく
ヘタ!
きちゃねー!!
いくら
初あわせとは
いえ
こんな
悲しい
ベートーヴェンが
あっていいのか!?
あのジジイ!
学校中のヘタクソと
変わり者を
かき集めたんじゃ
ないのか――!?
ぷっ…
ニボ

1回目の演奏終了〜
ふぅ〜〜〜
なぁ—— みんな! 7番ってなんかかわいいけどさー
もっと雄大なカンジにしねーかー?
はげしく気高く
なにが〝雄大〟だ——!?
ビシィ
いでっ
そんなこと言えるレベルか!!
え?
おまえ間違いだらけじゃねーか!
コンマスがオケを乱してどーする!?
ひィー
本当に練習したのか!?
ぷぷっ
コンマスみじめー
キミは音程《ピッチ》悪すぎ!
ケ
本当に音大生か?
ガーン
ホルン2!
長いff《フォルテシモ》のとこすぐに切れるな! 情けない

セカンド・クラリネット！
音汚《きたね》ぇ！
プイプイ言わすなっ
ヴィオラ！
おまえっ
ひとりで音でかすぎ！
P《ピアノ》も もっと弱く！
個人個人に言いたいことは山ほどあるが……キリがない！
5分後最初からもう1回
ザワ
ザワ
苦悩
……
千秋さまってスゴ～イ♡
本当の指揮者みたいね
千秋こえ～
きつい
指揮棒の振り方も美しいわ～♡
はあ～ん♡
まあっ
いやらしい♡
「プイプイ言わすなっ」
カァァ
薫《かおる》さんの前でよくもよくも……
リードの調子が悪かっただけなのに！

ふん
だれにでもわかるカンタンなミスを指摘しただけじゃねーか
所詮《しょせん》指揮者ごっこだよ
えらそーに
だ……だよなー！
カッコつけやがって！
なぁ……
ちょっとからかってやるか？
フフフ
よし！
始めよう！
せっかくオケが振れるんだ
この際個人の技術《テクニック》をとやかく言っても仕方ない
とにかくベートーヴェンさまが書いたすばらしいこの曲を
オレなりに形にしてみよう！

ジャン
ヴァイオリン
そこの16分《ぶ》
もっと小さく
はっきりと！
ff《フォルテシモ》！
ホルン2！
遅れてる！
チェロ……
キミ！
は
少し音程《ピッチ》上げて
細かい音を明確に
うわ〜〜
千秋先輩
耳いいなぁ
だれの音だか
わかるんです
ね〜
ねぇ
ミルヒー

ミルヒー？
ホルン2！今度は速い！
セカンド・クラリネット
そこでずれるな！
ストップ！ストッ———プ!!
やり直しっ
もう〜
下手…
どうやらガンが数名いるようですね〜
やれやれ
あんたもガンでしょ!!
気持ち悪いオケだわ……
千秋さまかわいそう
リズムわるいし…
トロトロの泥ダンゴよ
パ・パ・パ・パァ〜♬じゃなくてパアーン！
そのあとのP《ピアノ》はもっと小さく
じゃあもう1回そこから

チラ…
くそ―― 見てろよ 千秋……
オーボエとクラリネットをほとんどわからないところで入れ替えてやる！
千秋程度になら気づかれまい――
Cl.
Dolce
そんで練習終わってから
オレまちがえてちがうパート吹いちゃったよ――
オレもー
千秋がまったく気づいてなくて助かった～♡
ハハハ
恥をかかせてやる!!
↖せこい腹いせ…
今だ!!

カッ
え……
気づいてる──!!
ひィ
ピ
ィィ
またチェロ!
ボケっとすんな!
ちゃんと転調しろ!!
ホルン2!また遅いっ
ヴィオラ!
音でけーって何度言わせる!?

なぜだ?
音がどんどん
悪く……
小さくなってゆく……
カチャーン
しーーーん
先輩……
あうう…
どうかしてる

馬鹿《ばか》な いやがらせを している奴《やつ》は 数名いるし
学習能力は ないし
指示も 無視するし
こんな 不快なオケ やってられっか ——!!
ハーーイ そこまでーー!
千秋 失格〜〜〜

ミルヒー
おまたしました
みなさん♡
本物の主役の
登場デース！
おおーーっ
ジジィ
巨匠
おいっ
失格って……
キミは
女の子を
泣かせ
ました
最低の
失格デス！
くやしい〜〜っ
泣かないで
静香ちゃん…
女だったのか!?
ヴィオラの…
ちがう衝撃
なんで
オレが!?
でも……
だから？
カオでかいヨ…

でハ
気をとりなおして
もう1回最初から
演奏しましょう!
おい…
あ
峰くん
※とりあえず
ボーイングとか
気にしなくて
いいからー
えっ。
※弦楽器における弓の使いかた。
もっと
楽しそーな
音出してヨ
いつも
みたいに
は……
はい?
ホルンの
キミィ~
体調悪いなら
今日はムリ
いらないヨ~
は……
ズピ…
はひっ
クラリネットの
キミィ~
やっぱ
そのリード
変えたほうが
いいみたいヨ~
サイテーね
はい!!
じーん…

チエロの
美帆《みほ》ちゃ～ん
わたしに
見とれるのは
OKです
からネ～♡
えっ
でも
色っぽ～い音
よろしくですヨ♡
はい
それから
ヴィオラの
泣き虫ちゃん
なにがあったか
知らないケド
暴れるのは
お酒の席
だけに
してね……
うおりゃー
どっ
あはは
この前の
合コン～!!
静香ちゃん
すげー
じゃあ
千秋が言ってた
とおりに
あと1回だけ
通しましょう

リードや
体調の悪さも
本人の責任だ
ヘタは
ヘタだ

でも
あの人が振るだけでオケが鳴り出す
「千秋の言ってたとおり」？ですか？
これ…
いや……
あの人はきっと

音楽を
人を尊敬してて
はるか遠く……
それが自分に返ってくる

本物の巨匠なんだ――
転科願
ビリ
ビリ
ビリ――
フ……
いいですよ何枚やぶっても
弟子にしてくれるまで何枚でも出しますから
ピラ――
転科願

弟子だったらべつに転科しなくてもなれますヨ？
え？
キミはけっこーおもしろそうだから
ヴィエラの弟子なんかにしておくのもったいないかなーって……
でも転科はやめなサイ
ピアノは続けたほうがいい
そのかわり
ほかの時間はわたしにつきっきりですよ
先生
それじゃあ……

ヨシ！そうと決まったらお祝いに渋谷《しぶや》に行きましょう！
は？
よいショ
千秋といっしょなら
逆ナンねらえマス♡♡
ムキーーッ
ミルヒーのバカ——!!
千秋先輩をなんの弟子にするつもりですかーッ
ナンパ？
ふぎゃーっ
千秋先輩は渡しまセン!!
ドイツへ帰ってくだサイ
はぁ……
わたしたちはふたりでひとりデス！

千秋には もれなく のだめちゃんが ついてくるん ですネ♡
ぎゅ～っ
むきゃー――!!
ひイイ～
やめろ～
あの失敗だった 初ステージが オレの運命を 180度変えることに なるとは
ホレ かえるぞ
ほげー
この時はまだ 想像だにして いなかった――
また…

♪のだめカンタービレ②／おわり♪

所載／2001年発行 Kiss No.24
2002年発行 Kiss No.1～4

〜わたしと音楽〜

はじめて自分の歌を録音して聴いた時ものすごいショックを受けた……
小学生のわたし

まじでオンチです。
今でも。

☆ 取材協力ありがとうございましたー！ ☆

のだめ．マキろん
星野君、奥山たくし君

またよろしく〜！

のだめ
カンタービレ